AF454209

L'HOMME NAVRÉ

MONOLOGUE

A LA MÊME LIBRAIRIE

IMPRIMERIE GÉNÉRALE DE CHATILLON-SUR-SEINE, J. ROBERT.

L'HOMME NAVRÉ

MONOLOGUE

PAR

M. CHARLES CLAIRVILLE

PARIS

TRESSE, ÉDITEUR

8, 9, 10, 11, GALERIE DU THÉATRE-FRANÇAIS

PALAIS-ROYAL

1882

Droits de représentation, de reproduction et de traduction réservés

L'HOMME NAVRÉ.............................. M. GALIFAUX.

L'HOMME NAVRÉ

Je suis navré!... Pourquoi?... Je suis navré parce que...
je suis navré. — Ce qui m'est arrivé?... Rien, parbleu!
Est-ce qu'il m'arrive quelque chose, à moi? Il y a des
gens à qui il arrive des choses imprévues... des parents
de province, du monde à dîner, des accidents de voiture, —
ça distrait. — Moi, allons donc! Jamais rien. C'est navrant! — Tous les jours la même chose : je me lève le
matin, je me couche le soir... — Oh! les journées! C'est
au point qu'un moment, je me suis fait noctambule; je
ne vivais plus que la nuit : je me levais le soir, je me cou-
chais le matin... ça revenait au même... Je m'ennuyais
autant... et puis ça me faisait mal. Un ami m'a conseillé
de revivre comme tout le monde. Je l'ai écouté; j'ai peut-
être eu tort. — D'abord pourquoi m'a-t-il donné un con-
seil?... Je ne lui en demandais pas. C'est vrai!... Il y a un
tas de gens qui donnent toujours des conseils..... pour avoir
l'air de donner quelque chose. On ne les suit pas, je sais

bien. Mais enfin, il faut dire merci, et on a l'air d'avoir de
l'obligation. — C'est navrant !

Il me semble qu'à mon âge... Parlons-en, de mon âge :
je n'en connais pas un plus bête. Il y a des gens qui sont
jeunes, d'autres qui sont vieux : ils savent à quoi s'en te-
nir. Moi, je ne suis ni l'un ni l'autre. J'ai quarante ans. Je
vois partout des gens assez vieux pour me trouver jeune
et des gens assez jeunes pour me trouver vieux... les
vieux me fatiguent, les jeunes m'agacent... C'est navrant !...
Parbleu ! je vous entends : cet âge passera, et je le regret-
terai. Qu'est-ce que ça prouve ? que je serai encore navré ?...
Je le serai toujours, — c'est ma destinée.

On me dit: « Mariez-vous. » Le mariage !... Voilà encore
quelque chose de... navrant ! Tenez, Joseph, un ami d'en-
fance à moi ; il s'est marié : il a épousé une femme char-
mante. Il me la présente ; je lui fais la cour: à cette épo-
que-là, j'étais un peu plus... c'est-à-dire un peu moins...
navré. La femme me dit non ! non ! non !... et puis elle
dit oui ! Tout le monde le savait : les amis de Joseph, sa
bonne, son concierge, le facteur, la laitière sous la porte,
tous ! Il n'y avait que lui qui ne s'en doutait pas : il me
faisait de la peine, il me navrait ; alors, je lui ai tout dit.
Savez-vous ce qu'il a fait ?... Il s'est mis à pleurer et à
m'embrasser en criant : « Je ne pourrai donc jamais gar-
» der un ami !... Tu es le douzième avec qui je vais me

» fâcher pour ça ! » — Mariez-vous donc ! — Je sais bien qu'une femme, c'est utile quand on est malade ; parce que, il y a encore ça, je n'ai pas de santé : j'ai une bronchite, et un médecin ; ça me fait beaucoup de mal, — pas le médecin, la bronchite. — Le médecin est un homme très remarquable, un grand médecin, — très fort sur les vieilles faïences. — L'autre jour, je vais chez lui ; je lui dis : « Docteur, j'ai mal dans les bronches. » Il me répond : « Moi aussi ; qu'est-ce que vous faites pour ça ? » — « Ce que vous m'ordonnez. » — « Cela vous fait du bien ? » — « Quelquefois. » — « Il faudra que j'essaye pour moi ; revenez donc après-demain. » Ça m'a coûté vingt francs. Ce n'est pas navrant ? — Vous me direz : il faut être philosophe. La philosophie !... J'en ai connu un de philosophe, un premier prix de dissertation philosophique au collège de Montélimar ; il est venu à Paris : il était employé dans une mairie ; le soir, il jouait de la clarinette dans un théâtre. Un jour, à son bureau, il étudiait une polka d'Offenbach sur son instrument, on le flanque à la porte de la mairie ; quand on apprend ça au théâtre, le directeur en fait autant. Maintenant il est porteur d'eau. — Il est devenu Auvergnat. — Voilà où ça conduit la philosophie !

D'abord, pourquoi me dites-vous d'être philosophe ? Pour me consoler... Pourquoi voulez-vous me consoler ?... Vous voulez m'empêcher d'être navré ! Pourquoi ? ça me

plait. — Alors, on ne peut plus être navré ? C'est navrant !

FIN

Imprimerie générale de Châtillon-sur-Seine, Jeanne Robert.

9 782329 350721